27
12
412

ÉLOGE DE M. LAFAYE

(DISCOURS DE RÉCEPTION A L'ACADÉMIE D'AIX,)

PAR

Arthur DESJARDINS,

Avocat-général.

BEAUVAIS,

IMPRIMERIE DE D. PERE.

1867.

Messieurs,

Parmi les villes de la Provence, aucune autre, disait en 1847 M. Lafaye, n'était, plus que son ancienne capitale, digne de posséder une Faculté des Lettres. Pour moi, je dirai volontiers qu'aucune autre n'était plus apte à posséder une Académie. Le silence des intérêts matériels, les instincts mêmes de cette noble cité, ses respectables habitudes, le haut enseignement qui s'y perpétue, les trésors de son admirable bibliothèque, tout, jusqu'à la majesté des souvenirs, jusqu'aux ombres illustres qui peuplent ces murs, nous convie aux travaux intellectuels. Nul ne le comprenait mieux que l'éminent professeur dont nous déplorons aujourd'hui la perte. Il enveloppait dans un même culte cette ville, qu'il regardait comme une autre patrie; cette Académie, qu'une douce communauté de travaux lui rendait chère, et la philosophie, cette mère vénérée, objet de ses premières et de ses dernières pensées. Aussi ne saurais-je trop redire à ses anciens confrères qu'ils ont fait une perte irréparable, et pour moi, Messieurs, je ne me suis jamais senti plus indigne de remplacer M. Lafaye qu'au moment de retracer à vos yeux sa vie et ses travaux.

Lafaye (Pierre-Benjamin), naquit au Mont-Saint-Sulpice (Yonne), le 6 juillet 1809. Sa famille était nombreuse, son patrimoine modeste. Le curé de sa paroisse remarqua sa précoce intelligence et l'initia aux premiers éléments des langues anciennes : il continua ses études au collége d'Auxerre. Loin de se laisser briser par les obstacles semés au début de sa vie, il s'y trempait pour l'avenir. C'est avec un redoublement d'énergie que Lafaye, au collége Henri IV, s'arma de toutes pièces pour les examens de l'Ecole normale : il y entra dès l'année 1829.

A aucune autre époque, l'enseignement philosophique n'avait plus honoré l'esprit français. Quels souvenirs n'éveillent pas dans vos âmes les noms de Jouffroy et de Cousin, les deux maîtres de Lafaye à l'Ecole normale! Il s'associait avec une noble ardeur à ces travaux de patiente et profonde analyse, qui suffiraient à immortaliser Jouffroy. Il sut, ses écrits l'attestent, mettre à profit les leçons de ce délicat et consciencieux écrivain qui nous légua, dans son Introduction aux Œuvres de Dugald-Stewart, le plus admirable effort de la psychologie moderne. Mais quelle que fût l'affinité naturelle entre ces deux hommes, l'enseignement de Cousin laissa peut-être une trace encore plus profonde dans son esprit et dans ses œuvres.

Lafaye resta un spiritualiste convaincu. Des gens qui croient avoir inventé la philosophie parce qu'ils ont oublié la grammaire persifflent aujourd'hui la mémoire de Cousin : ce philosophe, s'il faut les en croire, n'a rien fait pour la philosophie. Ce n'est rien sans doute, à leurs yeux, que d'avoir renversé l'autel du sensualisme, prouvé le libre arbitre par la méthode psychologique, proclamé l'immatérialité de l'âme humaine et montré un Dieu personnel au sommet de la science, de l'art et de la morale; rien que d'avoir instruit ou inspiré une génération de disciples tels que Lafaye, capables de former la jeunesse contemporaine à l'intelligence de ces grandes vérités et de lutter contre le positivisme français ou contre la renaissance du matérialisme en Allemagne. Pour nous qui naguère recevions encore ce viril enseignement et trouvions debout sur les ruines du dix-huitième siècle cette philosophie, pénétrée par la méthode cartésienne, animée du souffle platonicien, nous remercions Lafaye d'avoir défendu jusqu'au bout ces grandes doctrines, nous aimons à en ressaisir les vestiges dans ses moindres écrits, et singulièrement dans ses deux discours prononcés à Orléans en 1834, à Aix en 1847. C'est là que, s'adressant à tous, il résume en quelques mots son enseignement et se révèle tout entier.

Lafaye, quittant l'Ecole normale, fut chargé comme suppléant de l'enseignement philosophique au collége Louis-le-Grand ; i devint à la même époque secrétaire de M. Villemain. Sortir des leçons de Cousin pour entrer dans un commerce intime avec le premier des critiques modernes, quelle insigne faveur du sort ! C'est là qu'il puisa sans doute ce fervent amour des lettres antiques, ce culte enthousiaste de l'art grec, cette justesse dans l'expression, cette mesure dans le style, ce goût attique qui prévient ou modère les écarts de la parole et de la pensée. Lafaye, loin de secouer ce joug salutaire, partagea désormais son cœur entre la philosophie et les lettres. S'il aborde une question littéraire, fût-ce une question de lexicologie ou de grammaire, il la généralise, il la transporte sur les hauteurs où plane la philosophie : quand même il se meut dans le cercle de la philosophie pure, il ne cesse pas de sacrifier aux muses, et l'élève de M. Villemain ne disparaît jamais de la scène.

En 1833, Lafaye fut reçu docteur par la Faculté des lettres de Paris. Il avait écrit une thèse latine sur la définition ; le style en est clair, bien approprié au sujet, qui ne comportait pas de longs développements : la thèse française mérite un plus sérieux examen.

Lafaye, écrivant en 1833 une dissertation sur la philosophie atomistique, croyait, à coup sûr, faire une œuvre de pure érudition : comment s'imaginer que de pareilles idées sortiraient de la poussière où elles sommeillaient depuis tant de siècles, et que Démocrite, après deux mille deux cents ans, rallierait à son enseignement un nouveau disciple ? Il en est pourtant ainsi, Messieurs, nul de vous ne l'ignore. M. Renan a écrit, dans un récent article sur l'avenir des sciences naturelles, que le monde, poussé par une force latente, avait passé de l'état atomistique à l'état moléculaire ; puis traversant quatre ou cinq révolutions du même genre, était devenu tel que nous le voyons aujourd'hui. C'est en vertu de la même loi que l'homme se transformera dans quelques centaines d'années et que les contemporains de l'illustre philosophe, alors suspendus dans les musées, seront, comme des animaux antédiluviens, livrés en pâture à la curiosité publique. La philosophie atomistique est entrée par là dans une phase nouvelle, et Démocrite, Messieurs, mérite encore de vous occuper.

Démocrite fut, d'après Lafaye, le disciple de Leucippe. Celui-ci fut choqué de voir l'Ecole éléatique nier les perceptions sensibles sous ce prétexte qu'elles étaient contredites par les données de la raison ; il s'efforça de démontrer contre les Eléates l'existence du vide, réhabilita les phénomènes attestés par les sens, la pluralité des êtres, la génération et la corruption, puis opposant un nouveau système à celui qu'il réfutait, enseigna que les corps étaient composés d'atomes solides et pleins, séparés par des intervalles. Leur nombre est infini, leurs formes multiples ; leur principale propriété, c'est de se mouvoir par eux-mêmes, car il n'y a de réel que les atomes et le vide, et le vide, être négatif, ne peut imprimer le mouvement qu'il n'a pas ; les atomes, ne pouvant être un jour sortis de rien, existent et se meuvent par eux-mêmes de toute éternité. La cosmogonie de Leucippe découle de ces prémisses. Par l'effet du mouvement circulaire, les atomes semblables se rejoignent ; quelques-uns, lancés vers le vide extérieur, s'enchaînent et forment un premier assemblage rond, espèce de tunique qui enveloppe le monde. Cette enveloppe s'augmente d'autres atomes qui produisent une matière d'abord humide et boueuse, desséchée plus tard et enflammée par le mouvement ; cette matière constitue la substance des astres, qui naissent tous de la même manière. L'âme n'est autre chose qu'un agrégat d'atomes ronds, car l'âme est un moteur et les atomes ronds possèdent la plus grande quantité de mouvement. Lafaye expose avec autant d'érudition que de clarté ces doctrines de Leucippe.

Démocrite les adopta, mais en les complétant. Pour maintenir la théorie des atomes, il s'efforce de prouver que les corps sont divisibles, mais non pas divisibles à l'infini; que les atomes sont inaltérables, d'une nature identique et d'une même substance : il paraît avoir distingué plusieurs genres de mouvements, le mouvement oscillatoire, le mouvement par choc ou impulsion, et le mouvement circulaire, celui que reconnaissait Leucippe. Il déduisit de la stabilité des lois de la nature la fatalité dans tous les évènements du monde. Il enseigna que la réunion fortuite des atomes pouvait produire une infinité de mondes et, dans chacun d'eux, toutes les combinaisons imaginables. Sa psychologie est plus complète que celle de Leucippe ; mais il admet avec Leucippe que l'âme, simple agrégation d'atomes, se dissout comme toute agrégation et meurt avec le corps. Il explique le phénomène de la connaissance par l'hypothèse d'émanations matérielles, intermédiaires entre les corps qui les émettent et l'âme qui les perçoit : mais l'image est imparfaite et l'âme qui la perçoit la modifie encore. C'est ainsi que la logique de Démocrite aboutit au scepticisme ; il n'y a de réel que les atomes et le vide : tout le reste est du domaine de l'opinion. Quant à l'idée des dieux, elle est née à l'occasion des évènements extraordinaires qui se produisent dans le monde. D'après une légende accréditée dans l'antiquité, Platon voulut un jour brûler tous les ouvrages de Démocrite : un abîme, en effet, séparait la philosophie atomistique et le platonisme. Lafaye consacre quelques pages substantielles à la réfutation de l'atomisme : il le traite, ou peu s'en faut, comme un vieux système qu'il a suffi d'exposer pour l'anéantir. Trente ans plus tard, vous le savez, il eût dû descendre dans l'arène et se mesurer corps à corps avec un nouveau champion de la cosmogonie atomistique.

En 1834, Lafaye fut nommé professeur de philosophie au collége d'Orléans, et conserva ces fonctions jusqu'en 1838. Il était alors le collaborateur soit de l'*Encyclopédie des gens du monde*, soit de la *Revue française et étrangère*. Parmi les articles qu'il publia dans ce dernier recueil, je distingue avant tout une étude sur Bacon.

Peu d'écrivains ont été plus diversement jugés que Bacon :

Bazile Montagu, son apologiste, l'a transformé en un honnête homme ; Joseph de Maistre, laissant de côté l'homme d'Etat et n'envisageant que le philosophe, l'appelle un *stupide matéria-liste*, une *brute plus brute que les brutes*, un *athée hypocrite*, un *faussaire consommé* ; Macaulay le félicite d'avoir, le premier, vu seulement dans l'étude de la sagesse le moyen de rendre la vie humaine plus agréable et plus commode. Lafaye s'attache avant tout à réfuter cette opinion de Macaulay. Bacon ne re-commande-t-il pas de préférer les *experimenta lucifera* aux *experimenta frugifera* ? Ne blâme-t-il pas ceux qui se laissent envahir par les exigences grossières de la pratique et qui courent trop vite aux applications ? Il est faux que Bacon ait en-visagé l'utilité matérielle comme le but exclusif de la science. Il ne serait pas moins faux de lui attribuer comme une décou-verte l'idée de demander à la philosophie des résultats utiles. Si Platon cache sa tête au sein des nuages, Socrate, son maître, loin de se confiner dans la contemplation de la vérité abstraite, cherche avant tout dans la sagesse, ainsi que l'atteste Xénophon, le moyen de régler et d'améliorer la vie humaine. Ce qui fait la gloire et l'originalité de Bacon, c'est d'avoir découvert et pro-clamé la méthode inductive, par là même posé les lois fonda-mentales de la physique moderne. Je ne connais pas, dans toutes les œuvres de Lafaye, de morceau plus coloré que cette étude sur Bacon, et j'y trouve un reflet de cette pensée brillante, pittoresque et de ce grand style qui caractérisent Macaulay.

Lafaye devint, en 1838, professeur de philosophie au collége de Marseille. Huit ans plus tard, il était appelé à la chaire de phi-losophie de la Faculté des lettres d'Aix, nouvellement créée. Il ne quitta plus cette calme et studieuse cité. Doyen de la Faculté d'Aix en 1853, il conserva ces fonctions jusqu'à sa mort.

C'est pendant son séjour à Marseille qu'il conçut la pensée d'un grand dictionnaire des synonymes. L'abbé Girard avait le pre-mier, en 1718, publié sur ce sujet un ouvrage intitulé : *la Jus-tesse de la langue française* ou *les Différentes significations des mots qui passent pour synonymes*. Plein de détails ingénieux, cet ouvrage était absolument dépourvu de méthode et partant

contenait d'innombrables lacunes : l'auteur ne s'était pas même
soucié d'écrire un traité complet sur la matière. Beauzée eut
l'idée de recueillir tous les synonymes français expliqués par
d'autres écrivains, et de les réunir à ceux de Girard, en y joi-
gnant quelques articles de sa composition : il n'envisageait plus
un livre des synonymes comme une simple œuvre de goût com-
posée de morceaux sans liaison, mais comme une œuvre scien-
tifique dont les parties doivent être disposées selon l'analogie
essentielle des idées. Condillac, à la même époque, composa
pour le prince de Parme un dictionnaire des synonymes. Rou-
baud entassa des matériaux sur le même sujet dans quatre gros
volumes ; il blâmait, avec raison, ses prédécesseurs d'avoir
étudié au hasard, dogmatisé sans instruire, imposé d'autorité
des solutions conjecturales, en un mot d'avoir manqué de méthode dans leurs recherches. Il s'occupa des étymologies, dé-
composa les synonymes dans leurs éléments, et déterminant la
valeur de leurs radicaux, de leurs terminaisons et de leurs pré-
fixes, en déduisit par la comparaison leurs acceptions relatives
et distinctives. Plus tard, Fontanes, grand-maître de l'Univer-
sité, permit d'imprimer sous ses auspices un dictionnaire des
synonymes composé d'extraits de Girard, de Beauzée et de Rou-
baud. Enfin M. Guizot, âgé de vingt-deux ans, publia, en 1809,
un dictionnaire des synonymes français que Lafaye juge ainsi :
« A part une introduction où la fermeté du style le dispute à
« l'intelligence des choses, et où le traité des synonymes gram-
« maticaux est, pour ainsi dire, esquissé ; à part plus de
« cent cinquante articles nouveaux fournis par l'éditeur et
« apparemment extraits, pour la plupart, avec modifications,
« de l'ouvrage inédit de Mlle de l'Espinasse, le dictionnaire
« de M. Guizot ressemble tout à fait à celui de Fontanes ;
« il va même jusqu'à en reproduire les fautes d'impression....»
Quoi qu'il en soit, ce modeste travail de philologie ne rebuta
pas celui qui devait un jour retracer avec une admirable
autorité de langage les origines de la civilisation française, et
laisser à la nation d'incomparables modèles d'éloquence po-
litique.

Lafaye résolut de reprendre et de mener à terme l'œuvre
ébauchée par M. Guizot et par ses devanciers. Il commença par
étudier à part les synonymes à radical commun qui formèrent
l'unique objet d'un livre publié en 1841, sous le titre de *Traité
des synonymes grammaticaux*, et couronné en 1843 par l'Institut. Les synonymes à radicaux divers formèrent la seconde
partie du *Dictionnaire des synonymes* qui parut en 1858, et
dont la première partie n'était qu'une deuxième édition du
Traité des synonymes grammaticaux; l'Institut décerna de nouveau le prix de linguistique à ce grand ouvrage. Enfin Lafaye
fit paraître, en 1865, un supplément qui ajoutait plus de sept
cents articles nouveaux au *Dictionnaire des synonymes*. Mais,
comme tant d'autres, il ne devait pas survivre au labeur qu'il
s'était imposé pour achever son œuvre chérie.

Je ne sais, Messieurs, si vous partagerez le sentiment qui
m'anime; mais rien ne m'émeut et ne m'attire autant que le
spectacle de ces travaux modestes, accomplis sans bruit, des-
tinés au petit nombre. Cultiver les lettres pour elles-mêmes et
pour quelques esprits d'élite, quel rare et merveilleux phénomène au dix-neuvième siècle! S'il est permis de suivre par la
pensée, jusque dans leur bienheureux séjour, les âmes de ceux
qui nous ont quittés, j'aime à placer Lafaye dans un secret
vallon, parmi ces sages des anciens jours qui ont aimé la science
pour la science et pour l'humanité. Nous écarterons de leur re-
traite sacrée ce troupeau d'écrivains qui cherchent avant tout
l'encens grossier du vulgaire, ceux qui flattent les passions de
la foule pour obtenir ses bruyants suffrages et qui demandent
une couronne éphémère aux distributeurs quotidiens d'immor-
talité : Lafaye ne leur appartient pas.

Ce n'est pas qu'un dictionnaire des synonymes soit fait exclu-
sivement pour un petit cercle d'érudits. Il est d'abord utile aux
étrangers qui veulent écrire ou parler correctement notre
langue. Que de fois le mot propre leur échappera, s'ils n'ont
un guide sûr! Ce que nous apprennent le plus souvent la
pratique quotidienne, le commerce des gens lettrés, la lecture
assidue des bons auteurs, le dictionnaire des synonymes seul,

ou peu s'en faut, l'enseigne aux étrangers. Mais, à ce point de vue, combien d'étrangers, même parmi les Français !

Notre langue s'est formée lentement et s'est fixée dans la première moitié du dix-septième siècle : elle a pris dans cette période son allure définitive. Certaines langues peuvent être comparées à des tableaux inachevés : chaque génération paraît appelée à leur donner son coup de pinceau. La langue française ne leur ressemble pas. A la fin du dix-septième siècle, elle avait atteint les dernières limites de son développement artistique. Cependant aucun idiome ne peut rester entièrement stationnaire : les nouvelles idées qui remuent les peuples remuent également les langues. Mais plus une langue est parfaite, plus elle risque d'être déparée par les changements qu'y apportent les idées nouvelles; il s'agit moins d'additions que de retouches, et le plus habile artiste doit procéder avec une grande circonspection pour ne pas altérer la pureté du divin modèle. Ce modèle même, nous le connaissons assez mal, et moins il est connu, plus il est aisément défiguré. Lafaye, dans son *Dictionnaire des Synonymes*, s'attache à nous montrer les ressources, les secrets intimes, les richesses infinies de la véritable langue française. Que de mots créés inutilement pour rendre une idée que nos pères savaient mieux exprimer ! Que de néologismes barbares, dont il ne faut accuser ni le progrès des sciences naturelles, ni les révolutions politiques, mais notre impuissance et notre oubli ! Nos pères traduisaient avec un art qui n'a pas été surpassé les nuances les plus délicates de la pensée : il suffit d'ouvrir *le Dictionnaire des Synonymes* pour s'en convaincre.

Le caractère propre de notre langue, c'est la clarté. Si la diplomatie l'adopta, si le monde entier la parle, c'est qu'elle adapte avec une justesse parfaite le mot à l'idée. La clarté disparaît avec la propriété des termes, et l'universalité avec la clarté. Nous l'oublions trop aisément, et notre langue perd insensiblement ses qualités naturelles. Mes regards tombèrent par hasard, ces jours derniers, sur un feuilleton signé d'un nom populaire, et j'y lus cette phrase : « Corinne *eut*, ce soir-là, *un mot superbe.* » Cette locution, me disais-je, né choquera presqu'aucun lecteur, et pourtant qu'est-ce qu'*avoir un mot?* et surtout un *mot superbe?* Vaugelas en eût frémi, et cela m'importe peu : mais ces outrages quotidiens à notre belle langue l'obscurcissent en la dégradant et la font descendre lentement du piédestal où l'admiration de l'Europe l'avait placée. Nous sommes presque obligés de rapprendre le français pour donner un tour juste et clair à notre pensée. C'est à quoi nous aidera merveilleusement le *Dictionnaire des Synonymes :* là seulement est indiquée la valeur rigoureuse de chaque expression. La synonymie absolue n'existe pas : tel est l'axiôme fondamental que Lafaye place au début de sa belle introduction. Rien de plus exact et de plus conforme au génie de la langue. Dès-lors, rien de plus utile que d'enseigner aux jeunes gens et d'apprendre nous-mêmes le sens précis des mots et l'emploi qui leur convient dans le discours.

Nous décernons des couronnes aux savants qui sauvent un débris mutilé de l'art antique : mais si quelqu'un d'entre eux s'efforce d'arracher aux mutilations d'un autre âge ce monument admirable du goût moderne qui se nomme la langue française, quels éloges ne lui réserverons-nous pas? C'est la tâche que Lafaye avait entreprise, Messieurs : il était digne de vous appartenir et il a bien mérité de son pays.

Beauvais. — Imp. de D. Père.

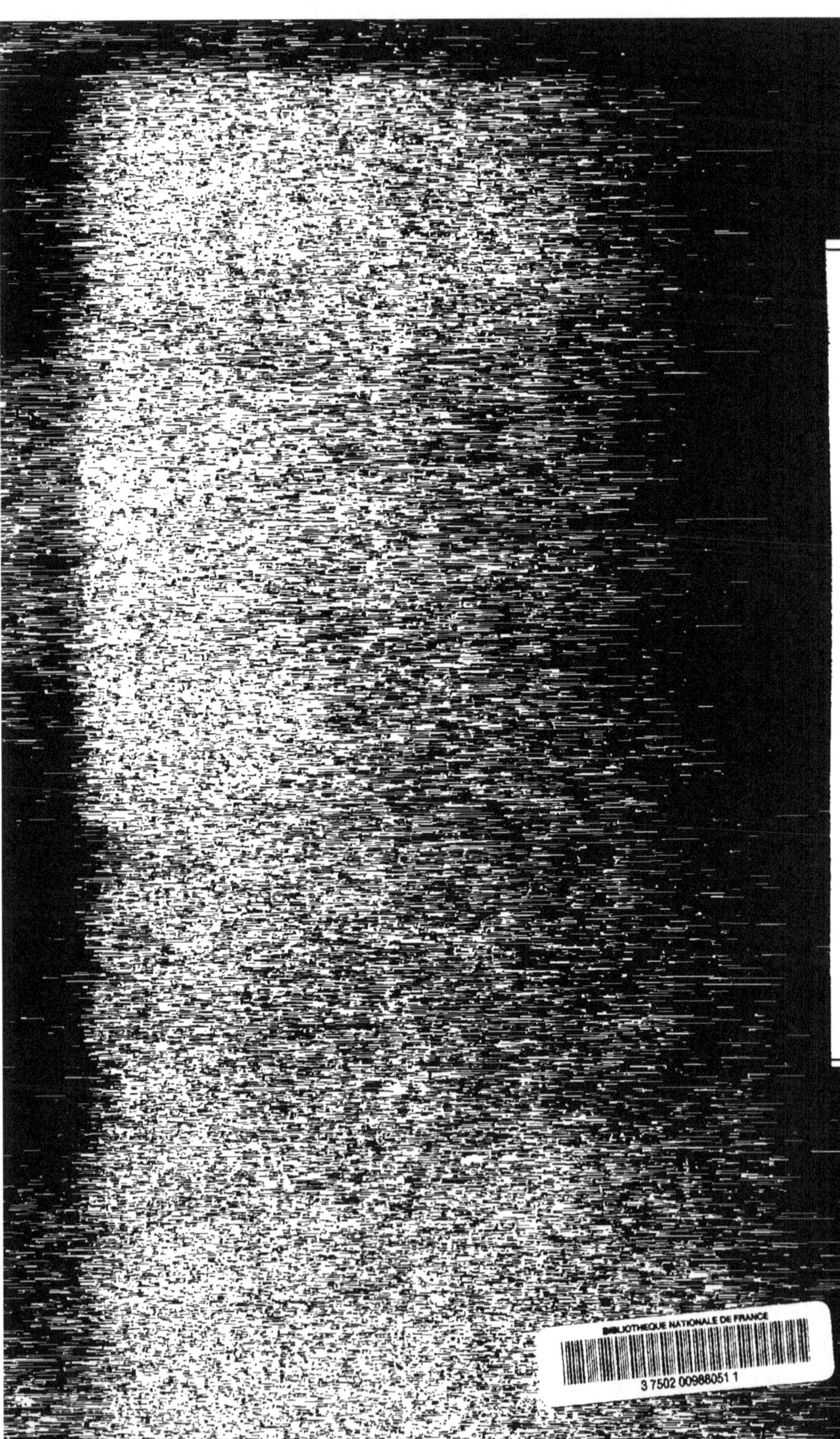

BIBLIOTHEQUE NATIONALE DE FRANCE

3 7502 009880511

www.ingramcontent.com/pod-product-compliance
Lightning Source LLC
Chambersburg PA
CBHW051443060726
47596CB00006B/2602